보랏빛소 워크북 시리즈

초등 입학 전 미리 공부하는

또박또박 한글 쓰기

3

5~7세

겹글자, 받침이 뒤로 넘어가는 글자, 된소리,
의성어와 의태어, 틀리기 쉬운 글자

KB121647

또뜨키우콘텐츠팀 글 | 이우일 그림 | 장희윤 감수

보랏빛소 어린이
Borabit Cow

"또박또박 따라 쓰며 한글을 떼요!"

어린이 여러분! 반가워요. 이 책은 또박또박 따라 쓰면서 저절로 한글과 친해지고 공부할 수 있도록 도와주는 여러분의 친구랍니다. 지금부터 이 친구의 특징을 소개할게요.

손으로 따라 쓰기만 해도 공부가 돼요!

이 책은 '쓰기'를 통해 한글을 뗄 수 있도록 도와줍니다. 그냥 눈으로 읽는 것도 좋지만, 눈과 입으로 소리 내어 읽은 뒤, 내 손으로 직접 한 글자 한 글자 꾹꾹 눌러 쓸 때 비로소 진짜 내 것으로 만들 수 있거든요.

매일매일 하루 10분이면 충분해요!

한꺼번에 무리해서 공부하려고 하지 마세요. 배움의 기쁨이 사라질 수도 있어요. 재미있게 공부하기 위해서는 매일 2쪽씩, 하루 10분이면 충분하답니다. 대신 그날의 정해진 분량을 꼼꼼하게 공부하기로 약속!

차근차근 단계별로 익힐 수 있어요!

이 책은 총 5권으로 이루어져 있어요. 한글을 처음 접하는 3~4세 친구들을 위한 자음과 모음부터, 초등 입학을 준비하는 5~7세 친구들이 꼭 알아야 할 단어와 문장을 20단계에 걸쳐 나누어 담았답니다. 쉬운 부분부터 어려운 부분에 이르기까지 차근차근 난이도를 높여가며 공부하면 금세 한글을 뗄 수 있어요.

🖊 한글 맞춤법 공부도 할 수 있어요!

앞으로 학교에 다니게 되면 한글 맞춤법이 정말 중요해질 거예요. 그런데 어린이뿐만 아니라 어른들에게도 한글 맞춤법은 어렵고 복잡하답니다. 하지만 이 책으로 또박또박 따라 쓰며 한글을 공부하다 보면 어려운 맞춤법과 띄어쓰기도 저절로 익히게 될 거예요.

🖊 엄마와 함께 한글을 공부해요!

단계가 끝날 때마다 평가 페이지가 있어요. 혼자서 풀어 보고 엄마와 함께 정답을 확인해 보세요. 2~5권의 맨 뒷장에는 받아쓰기 코너가 마련되어 있어요. 국어 선생님이 골라 주신 초등 교과서 속 문장을 엄마가 불러 주고 아이가 받아쓰면서 배운 것을 잘 이해했는지 점검해 보세요.

🖊 또박또박 쓰다 보면 글씨체도 예뻐져요!

이 책이 시키는 대로, 바른 자세와 바른 마음으로 글씨를 써 보세요. 그저 한글 공부를 하고 있을 뿐인데 어느새 예쁜 글씨체까지 덤으로 얻게 될 거예요.

자, 그럼 지금부터 한글 뗄 준비 되었나요?《초등 입학 전 미리 공부하는 또박또박 한글 떼기》(전5권)와 함께 신나는 한글의 세계로 떠나 보세요!

이 책의 구성

✏️ 20단계 프로그램으로 한글의 원리가 쏙쏙!

1권

0단계	한글과 친해지기	자음과 모음을 만나요.

2권

1단계	자음과 모음	자음과 모음의 발음자를 익혀요.
2단계	받침이 없는 쉬운 글자	쉬운 자음과 모음이 합쳐진 글자를 배워요.
3단계	받침이 없는 어려운 글자	어려운 모음 '궈, ㅖ, ㅞ' 등을 구별해요.
4단계	받침이 있는 쉬운 글자	쉬운 받침이 있는 글자를 배워요.
5단계	받침이 있는 어려운 글자	받침과 어려운 모음이 있는 글자를 배워요.

3권

6단계	같은 자음이 겹치는 겹글자	같은 자음이 겹쳐서 이루어진 글자를 배워요.
7단계	받침이 뒤로 넘어가는 글자	앞의 받침이 뒤에 오는 글자의 첫소리로 넘어가요.
8단계	된소리가 나는 글자	앞의 받침 때문에 뒷글자에서 된소리가 나요.
9단계	소리나 모양을 흉내 낸 글자	소리나 모양을 흉내 낸 글자를 익혀요.
10단계	틀리기 쉬운 글자	'이'와 '히'로 끝나는 틀리기 쉬운 글자를 익혀요.

4권

11단계	구개음으로 바뀌는 글자	앞의 받침 때문에 구개음으로 바뀌어요.
12단계	거센소리가 나는 글자	앞의 받침 때문에 뒷글자에서 거센소리가 나요.
13단계	받침의 표기와 소리가 다른 글자	받침을 적을 때와 발음할 때가 달라요.
14단계	자음의 발음이 닮아가는 글자	앞글자의 받침과 뒷글자의 첫소리가 서로 닮아가요.
15단계	발음이 같아서 헷갈리는 글자	발음은 같은데 쓰는 법은 다른 글자를 익혀요.

5권

16단계	사이시옷을 붙이는 글자 1	사이시옷을 붙이는 글자를 익혀요.
17단계	사이시옷을 붙이는 글자 2	사이시옷을 붙이는 글자를 익혀요.
18단계	자음이 첨가되는 글자	음이 첨가되어 소리가 바뀌는 글자를 배워요.
19단계	받침이 두 개인 어려운 글자	받침 두 개가 겹치는 글자를 배워요.
20단계	예사말과 높임말	밥과 진지가 어떻게 다른지 알아봐요.

학습 효과가 뛰어난 단계별 평가와 교과서 속 받아쓰기 문장 수록!

낱말 쓰기

같은 원리를 가진 낱말끼리 모아 여러 번 읽고 따라 쓰다 보면 자연스럽게 그 원리도 깨치게 될 겁니다. 그림을 통해 의미를 파악할 수 있으며, 아직 글씨 쓰기에 익숙하지 않은 아이도 혼자서 또박또박 글씨 쓰는 연습을 할 수 있습니다.

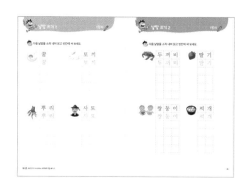

어구와 문장 쓰기

각 단계에서 배운 낱말들을 어구 또는 문장으로 만들어 따라 쓰기 연습을 할 수 있습니다. 두 개 이상의 낱말을 비교하면서 차이를 확인할 수 있고 띄어쓰기도 자연스럽게 익히도록 구성하였습니다.

단계별 평가

각 단계마다 '평가'를 수록하였습니다. 앞에서 배운 낱말의 의미와 맞춤법을 제대로 익혔는지 확인할 수 있습니다. 잘못 쓴 글자를 보면서 고치는 문제를 수록하여 각 단계가 끝날 때마다 배운 내용을 확실히 복습할 수 있게 도와줍니다.

교과서 따라잡기

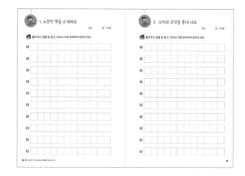

최신 개정 교과서에 나오는 출제 빈도가 높은 문장을 중심으로 받아쓰기 문제를 수록하였습니다. 부모님이 직접 문제를 불러 주세요, 초등학교 입학 전에는 예습용으로 사용하고, 입학 후에는 아이가 국어 교과서의 낱말과 문장을 잘 받아쓸 수 있는지 확인할 수 있습니다.

차례

머리말 • 2

이 책의 구성 • 4

7단계 받침이 뒤로 넘어가는 글자

소리의 변화 - 연음법칙 • 24

낱말 쓰기 1 • 26

낱말 쓰기 2 • 27

낱말 쓰기 3 • 28

낱말 쓰기 4 • 29

낱말 쓰기 5 • 30

낱말 쓰기 6 • 31

낱말 쓰기 7 • 32

낱말 쓰기 8 • 33

어구와 문장 쓰기 1 • 34

어구와 문장 쓰기 2 • 35

어구와 문장 쓰기 3 • 36

어구와 문장 쓰기 4 • 37

어구와 문장 쓰기 5 • 38

어구와 문장 쓰기 6 • 39

7단계 평가 • 40

6단계 같은 자음이 겹치는 겹글자

낱말 쓰기 1 • 10

낱말 쓰기 2 • 11

낱말 쓰기 3 • 12

낱말 쓰기 4 • 13

어구와 문장 쓰기 1 • 14

어구와 문장 쓰기 2 • 15

어구와 문장 쓰기 3 • 16

어구와 문장 쓰기 4 • 17

6단계 평가 • 18

8단계 된소리가 나는 글자

소리의 변화 - 된소리되기 • 46

낱말 쓰기 1 • 48

낱말 쓰기 2 • 49

낱말 쓰기 3 • 50

낱말 쓰기 4 • 51

낱말 쓰기 5 • 52

낱말 쓰기 6 • 53

낱말 쓰기 7 • 54

낱말 쓰기 8 • 55

어구와 문장 쓰기 1 • 56

어구와 문장 쓰기 2 • 57

어구와 문장 쓰기 3 • 58

어구와 문장 쓰기 4 • 59

어구와 문장 쓰기 5 • 60

어구와 문장 쓰기 6 • 61

8단계 평가 • 62

9단계 소리나 모양을 흉내 낸 글자

낱말 쓰기 1 • 68

낱말 쓰기 2 • 69

낱말 쓰기 3 • 70

낱말 쓰기 4 • 71

어구와 문장 쓰기 1 • 72

어구와 문장 쓰기 2 • 73

어구와 문장 쓰기 3 • 74

어구와 문장 쓰기 4 • 75

9단계 평가 • 76

국어 교과서 따라잡기 • 93

1학년 2학기 받아쓰기 문제 • 103

6~10단계 평가 정답 • 106

10단계 틀리기 쉬운 글자

낱말 쓰기 1 • 82

낱말 쓰기 2 • 83

낱말 쓰기 3 • 84

낱말 쓰기 4 • 85

어구와 문장 쓰기 1 • 86

어구와 문장 쓰기 2 • 87

어구와 문장 쓰기 3 • 88

어구와 문장 쓰기 4 • 89

10단계 평가 • 90

6단계
같은 자음이 겹치는 겹글자

'떡', '빵'의 공통점은 무엇일까요?
모두 같은 자음이 쌍둥이처럼
겹치는 겹글자로 된 단어입니다.
겹글자에는 'ㄲ, ㄸ, ㅃ, ㅆ, ㅉ'이 있어요.
빵집에 가서 '빵' 대신 '방' 달라고 하면
'빵'을 못 먹겠지요.

 다음 낱말을 소리 내어 읽고 빈칸에 써 보세요.

꿈
꿈

토	끼
토	끼

뿌	리
뿌	리

사	또
사	또

 낱말 쓰기 2

다음 낱말을 소리 내어 읽고 빈칸에 써 보세요.

두	꺼	비
두	꺼	비

딸	기
딸	기

쌍	둥	이
쌍	둥	이

찌	개
찌	개

낱말 쓰기 3

 다음 낱말을 소리 내어 읽고 빈칸에 써 보세요.

또	박	또	박
또	박	또	박

빨	리
빨	리

따	뜻	한
따	뜻	한

씻	다
씻	다

 다음 낱말을 소리 내어 읽고 빈칸에 써 보세요.

깨	우	다
깨	우	다

예	쁘	다
예	쁘	다

반	짝	반	짝
반	짝	반	짝

꼼	지	락
꼼	지	락

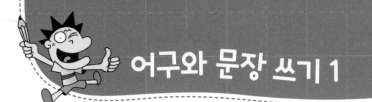
 다음 글을 소리 내어 읽고 빈칸에 써 보세요.

꿈	에	서		딸	기	를
꿈	에	서		딸	기	를

예	쁜		쌍	둥	이
예	쁜		쌍	둥	이

사	또	에	게		바	치	다	.
사	또	에	게		바	치	다	.

 다음 글을 소리 내어 읽고 빈칸에 써 보세요.

나	무	의		뿌	리
나	무	의		뿌	리

글	씨	를		또	박	또	박
글	씨	를		또	박	또	박

빨	리		오	세	요	.
빨	리		오	세	요	.

다음 글을 소리 내어 읽고 빈칸에 써 보세요.

따	뜻	한		찌	개
따	뜻	한		찌	개

깨	끗	하	게		씻	어	요	.
깨	끗	하	게		씻	어	요	.

토	끼	가		뛰	어	갑	니	다	.
토	끼	가		뛰	어	갑	니	다	.

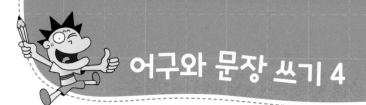

어구와 문장 쓰기 4

 다음 글을 소리 내어 읽고 빈칸에 써 보세요.

오	빠	를		깨	우	고
오	빠	를		깨	우	고

별	이		반	짝	반	짝
별	이		반	짝	반	짝

몸	을		꼼	지	락	거	려	요	.
몸	을		꼼	지	락	거	려	요	.

6단계 평가

 1. 다음 그림에 알맞은 낱말을 선으로 이으세요.

❶ ❷ ❸

ㄱ   ㄴ   ㄷ

씻다   찌개   토끼

 2. 그림에 알맞은 낱말을 정확하게 쓴 것은 무엇인가요?

❶ 부리

❷ 뚜꺼비

❸ 딸기

❹ 상둥이

❺ 다듯한

3. 보기에서 알맞은 낱말을 찾아 빈칸에 쓰세요.

[보기] 뿌리 꿈 사또 쌍둥이 또박또박 두꺼비 쪼가리 찌개

❶ 잠자는 동안 깨어 있을 때처럼 보고 듣는 것을 □□ 이라고 합니다.

❷ □□□ 는 개구리보다 크고 몸에는 짙은 얼룩무늬가 있어요.

❸ 한 어머니가 한꺼번에 두 아이를 낳으면 □□□ 라고 합니다.

❹ □□□□ 은 말이나 글씨가 또똑하고 분명한 모양입니다.

❺ 헝겊, 종이 따위의 작은 조각을 □□□ 라고 합니다.

❻ □□ 는 고기나 채소에 된장, 고추장 등을 풀어 끓이는 음식입니다.

❼ □□ 는 땅속에 묻혀 물과 양분을 빨아들이는 식물의 기관입니다.

❽ □□ 는 조선 시대에 지방으로 파견한 관리를 이르는 말입니다.

6단계 평가

 4. 문제를 읽고 알맞은 낱말을 찾아 빈칸에 바르게 옮겨 쓰세요.

❶ '뻐꾹뻐꾹' 하고 우는 새는 무엇인가요?
　① 뻐꾸기　② 뻐꾹이

❷ 냄비나 볼펜 등을 막거나 가리기 위해
　겉에 씌우는 물건은 무엇인가요?
　① 뚜정　② 뚜껑

❸ 아기가 목욕하기에 알맞은 온도라면
　물의 느낌이 어떨까요?
　① 다듯하다　② 따뜻하다

❹ 귀가 길고 뒷다리가 앞다리보다 발달해
　빠른 동물은 무엇인가요?
　① 토끼　② 토키

❺ 누군가와 다투거나 대결하는 것을
　뭐라고 할까요?
　① 사움　② 싸움

❻ 머리에 매는 띠는 무엇인가요?
　① 머릿띠　② 머리띠

❼ 고양이가 귀엽고 사랑스러울 때
　뭐라고 말할까요?
　① 예쁘다　② 예삐다

❽ 쓸모없어져 버려야 되는 것은 무엇인가요?
　① 스레기　② 쓰래기　③ 쓰레기

5. 왼쪽 ☐ 안의 틀린 글자를 찾아, 오른쪽 빈칸에 바르게 쓰세요.

틀린 글자 찾기   바르게 고쳐 쓰기

❶ 나무의 부리   나무의 ☐☐

❷ 맛있는 달기   맛있는 ☐☐

❸ 상둥이 아기들   ☐☐☐ 아기들

❹ 다듯한 김치찌게   ☐☐☐ 김치☐☐

❺ 친구와 사우지 마세요.   친구와 ☐☐☐ 마세요.

❻ 글시를 도박도박   ☐☐를 ☐☐☐☐

❼ 빨리 띄어 오세요.   빨리 ☐☐ 오세요.

❽ 깨긋하게 싯어요.   ☐☐하게 ☐☐☐.

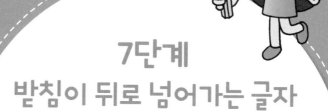

7단계
받침이 뒤로 넘어가는 글자

우리말에는 적는 법과
읽는 법이 다른 글자가 많아요.
얼음은 '어름'이라고 읽지만 '얼음'이라고 쓰고,
할아버지는 '하라버지'라고 읽지만
'할아버지'라고 써야 하죠.
7단계에서는 받침이 뒤로 넘어가는
글자를 공부할 거예요.

우리말에는 소리 나는 대로 그대로 받아쓰면 안 되는 글자들이 많아요.
다음은 앞글자 받침의 소리가 뒷글자의 첫소리로 발음되는 낱말들이며,
이러한 현상을 연음법칙이라고 합니다. 앞의 어떤 자음이 뒷글자로
넘어가서 소리가 나는지 살펴보세요.

 얼음 [어름]

'ㄹ' 받침이 발음할 때 뒷글자로 넘어가서 소리가 나요.

 음악 [으막]

'ㅁ' 받침이 발음할 때 뒷글자로 넘어가서 소리가 나요.

 거북이 [거부기]

'ㄱ' 받침이 발음할 때 뒷글자로 넘어가서 소리가 나요.

 인어 [이너]

'ㄴ' 받침이 발음할 때 뒷글자로 넘어가서 소리가 나요.

소리의 변화 - 연음법칙

입을 [이블]

‘ㅂ’ 받침이 발음할 때 뒷글자로 넘어가서 소리가 나요.

 책꽂이 [책꼬지]

‘ㅈ’ 받침이 발음할 때 뒷글자로 넘어가서 소리가 나요.

씻어라 [씨서라]

‘ㅅ’ 받침이 발음할 때 뒷글자로 넘어가서 소리가 나요.

 높이 [노피]

‘ㅍ’ 받침이 발음할 때 뒷글자로 넘어가서 소리가 나요.

 볶음밥 [보끔밥]

‘ㄲ’ 받침이 발음할 때 뒷글자로 넘어가서 소리가 나요.

 다음 낱말을 소리 내어 읽고 빈칸에 써 보세요.

얼	음
얼	음

날	아	오	다
날	아	오	다

놀	이	터
놀	이	터

할	아	버	지
할	아	버	지

낱말 쓰기 2

6일차

 다음 낱말을 소리 내어 읽고 빈칸에 써 보세요.

울	음
울	음

음	악
음	악

더	듬	이
더	듬	이

넘	어	지	다
넘	어	지	다

27

낱말 쓰기 3

 다음 낱말을 소리 내어 읽고 빈칸에 써 보세요.

거	북	이
거	북	이

끄	덕	이	다
끄	덕	이	다

오	뚝	이
오	뚝	이

목	욕	탕
목	욕	탕

 다음 낱말을 소리 내어 읽고 빈칸에 써 보세요.

어	린	이
어	린	이

인	어
인	어

입	을
입	을

길	잡	이
길	잡	이

29

 다음 낱말을 소리 내어 읽고 빈칸에 써 보세요.

월	요	일
월	요	일

소	원	을
소	원	을

환	영
환	영

책	임	감
책	임	감

 다음 낱말을 소리 내어 읽고 빈칸에 써 보세요.

깊	이
깊	이

높	이
높	이

숲	을
숲	을

엎	어	지	다
엎	어	지	다

 다음 낱말을 소리 내어 읽고 빈칸에 써 보세요.

밖	으	로
밖	으	로

볶	음	밥
볶	음	밥

웃	음
웃	음

믿	음
믿	음

 다음 낱말을 소리 내어 읽고 빈칸에 써 보세요.

같	은
같	은

책	꽂	이
책	꽂	이

닫	아	라
닫	아	라

씻	어	라
씻	어	라

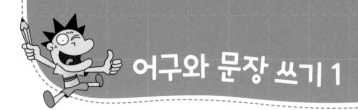

어구와 문장 쓰기 1

10일차

 다음 글을 소리 내어 읽고 빈칸에 써 보세요.

새	가		날	아	온	다	.
새	가		날	아	온	다	.

울	음	을		그	치	고
울	음	을		그	치	고

물	이		얼	음	이		된	다	.
물	이		얼	음	이		된	다	.

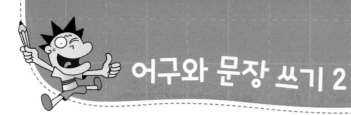 
 다음 글을 소리 내어 읽고 빈칸에 써 보세요.

거	북	이		알	을
거	북	이		알	을

오	뚝	이	처	럼		일	어	나
오	뚝	이	처	럼		일	어	나

놀	이	터	에	서		놀	아	라	.
놀	이	터	에	서		놀	아	라	.

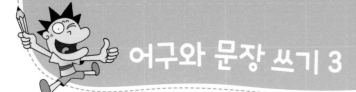

어구와 문장 쓰기 3

 다음 글을 소리 내어 읽고 빈칸에 써 보세요.

좋	은		길	잡	이
좋	은		길	잡	이

걸	음	이		빠	르	다	.
걸	음	이		빠	르	다	.

목	요	일	에		만	나	요	.
목	요	일	에		만	나	요	.

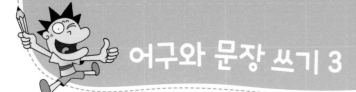

36 초등 입학 전 미리 공부하는 또박또박 한글 떼기 3

 다음 글을 소리 내어 읽고 빈칸에 써 보세요.

공	놀	이	하	는		어	린	이
공	놀	이	하	는		어	린	이

소	원	을		빌	어	요	.
소	원	을		빌	어	요	.

높	은		곳	에		매	달	아
높	은		곳	에		매	달	아

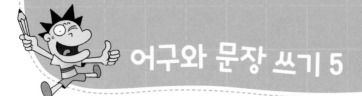
 다음 글을 소리 내어 읽고 빈칸에 써 보세요.

숲	을		걸	을		때
숲	을		걸	을		때

도	시	락	으	로		볶	음	밥	을
도	시	락	으	로		볶	음	밥	을

우	산		셋	이		나	란	히
우	산		셋	이		나	란	히

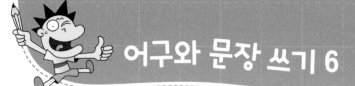

 다음 글을 소리 내어 읽고 빈칸에 써 보세요.

냄	새	를		맡	으	니
냄	새	를		맡	으	니

꽃	을		받	으	면
꽃	을		받	으	면

깨	끗	하	게		씻	어	라	.
깨	끗	하	게		씻	어	라	.

7단계 평가

 1. 다음 그림에 알맞은 낱말을 선으로 이으세요.

❶

❷

❸

ㄱ
얼음

ㄴ
오뚝이

ㄷ
음악

 2. 그림에 알맞은 낱말을 정확하게 쓴 것은 무엇인가요?

❶ 우슴

❷ 볶음밥

❸ 우름

❹ 거부기

❺ 책꼬지

3. 보기에서 알맞은 낱말을 찾아 빈칸에 쓰세요.

[보기] 믿음 울음 오뚝이 얼음 놀이터 월요일 인어 목욕탕

❶ 물이 얼어 굳으면 [ ][ ] 이 됩니다.

❷ [ ][ ] 은 어떤 사실이나 사람을 믿는 마음입니다.

❸ 아이들이 모여서 놀 수 있게 한 곳을 [ ][ ][ ] 라고 합니다.

❹ [ ][ ][ ] 는 넘어져도 다시 일어납니다.

❺ 아기가 [ ][ ] 을 터뜨리면 달래 주어야 합니다.

❻ [ ][ ] 는 상반신은 여자의 몸, 하반신은 물고기의 몸입니다.

❼ 한 주가 시작되는 날은 [ ][ ][ ] 입니다.

❽ [ ][ ][ ] 은 목욕을 할 수 있는 곳입니다.

7단계 평가

 4. 문제를 읽고 알맞은 낱말을 찾아 빈칸에 바르게 옮겨 쓰세요.

❶ '안으로'의 반대말은 무엇인가요?
① 바끄로　② 밖으로

❷ 돈이나 물건을 아끼는 것은?
① 절약　② 저략

❸ 월요일을 기준으로 네 번째 날은 무슨 요일인가요?
① 목요일　② 모교일

❹ 목소리나 악기로 감정을 나타내는 예술은 무엇인가요?
① 으막　② 음악

❺ 집에 오는 손님을 기쁜 마음으로 맞이하는 것을 무엇이라고 할까요?
① 환영　② 화녕

❻ 밥에 고기, 야채 등을 넣고 기름에 볶아 만든 음식은 무엇인가요?
① 볶음밥　② 보끔밥

❼ 앞에 나서서 길을 안내하는 사람을 무엇이라고 할까요?
① 길자비　② 길잡이　③ 길잡비

❽ 책을 세워서 꽂아두는 것은 무엇인가요?
① 채꼬지　② 책꼬지　③ 책꽂이

5. 왼쪽 ☐ 안의 틀린 글자를 찾아, 오른쪽 빈칸에 바르게 쓰세요.

틀린 글자 찾기   바르게 고쳐 쓰기

❶ 고개를 끄 더 기 다 .   고개를 ☐ ☐ ☐ ☐ .

❷ 하 라 버 지 생신   ☐ ☐ ☐ ☐ 생신

❸ 푸른 수 플 걸어요.   푸른 ☐ ☐ 걸어요.

❹ 맛있는 김치 보 끔 밥   맛있는 김치 ☐ ☐ ☐

❺ 공을 노 피 던져요.   공을 ☐ ☐ 던져요.

❻ 친구와 우 스 며 노 라 요 .   친구와 ☐ ☐ ☐ ☐ ☐ ☐ .

❼ 모 교 탕 에서 너 머 지 다 .   ☐ ☐ ☐ 에서 ☐ ☐ ☐ ☐ .

❽ 노 리 터 에서 공 노 리   ☐ ☐ ☐ 에서 ☐ ☐ ☐

8단계
된소리가 나는 글자

축구는 왜 '축꾸'라고 소리가 나는 걸까요?
우리말에서 'ㄱ, ㄷ, ㅂ, ㅅ, ㅈ'이
'ㄲ, ㄸ, ㅃ, ㅆ, ㅉ'으로 소리가 바뀌어 나는
된소리되기 현상이 있어요.
이 단계에서는 'ㄱ'이 'ㄲ'으로, 'ㄷ'이 'ㄸ'으로
소리가 나는 글자에는
무엇이 있는지 알아볼 거예요.

소리의 세기에 따라 자음 'ㄱ, ㄷ, ㅂ, ㅅ, ㅈ'은 예사소리라고 하고,
겹자음인 'ㄲ, ㄸ, ㅃ, ㅆ, ㅉ'은 된소리라고 합니다.

우리말에는 앞글자의 받침에 따라 뒷글자의 첫소리가 된소리가 되는
경우가 있습니다. 어떤 때 이런 현상이 나타나는지 살펴보세요.

축구　　[축꾸]

'ㄱ' 받침 때문에 뒷글자의 첫소리가 [ㄲ]으로 소리가 나요.

듣다　　[듣따]

'ㄷ' 받침 때문에 뒷글자의 첫소리가 [ㄸ]으로 소리가 나요.

접시　　[접씨]

'ㅂ' 받침 때문에 뒷글자의 첫소리가 [ㅆ]으로 소리가 나요.

용돈　　[용똔]

'ㅇ' 받침 때문에 뒷글자의 첫소리가 [ㄸ]으로 소리가 나요.

물감 [물깜]

'ㄹ' 받침 때문에 뒷글자의 첫소리가 [ㄲ]으로 소리가 나요.

 보름달 [보름딸]

'ㅁ' 받침 때문에 뒷글자의 첫소리가 [ㄸ]으로 소리가 나요.

 깃발 [긷빨]

'ㅅ' 받침 때문에 뒷글자의 첫소리가 [ㅃ]으로 소리가 나요.

 **앞집** [압찝]

'ㅍ' 받침 때문에 뒷글자의 첫소리가 [ㅉ]으로 소리가 나요.

 꽃밭 [끋빧]

'ㅊ' 받침 때문에 뒷글자의 첫소리가 [ㅃ]으로 소리가 나요.

 다음 낱말을 소리 내어 읽고 빈칸에 써 보세요.

축	구
축	구

학	교
학	교

태	극	기
태	극	기

숨	바	꼭	질
숨	바	꼭	질

낱말 쓰기 2

일차

 다음 낱말을 소리 내어 읽고 빈칸에 써 보세요.

듣	기
듣	기

걷	기
걷	기

입	술
입	술

접	시
접	시

49

낱말 쓰기 3

 다음 낱말을 소리 내어 읽고 빈칸에 써 보세요.

술	래	잡	기
술	래	잡	기

사	진	기
사	진	기

납	작	하	다
납	작	하	다

千字文

한	자
한	자

 다음 낱말을 소리 내어 읽고 빈칸에 써 보세요.

글	자
글	자

물	감
물	감

물	고	기
물	고	기

알	림	장
알	림	장

 다음 낱말을 소리 내어 읽고 빈칸에 써 보세요.

비	빔	밥
비	빔	밥

보	름	달
보	름	달

책	장
책	장

액	자
액	자

낱말 쓰기 6

 다음 낱말을 소리 내어 읽고 빈칸에 써 보세요.

용	돈
용	돈

낚	시
낚	시

앞	집
앞	집

덮	밥
덮	밥

다음 낱말을 소리 내어 읽고 빈칸에 써 보세요.

깃	발
깃	발

귓	속	말
귓	속	말

곶	감
곶	감

첫	걸	음	마
첫	걸	음	마

 다음 낱말을 소리 내어 읽고 빈칸에 써 보세요.

꽃	밭
꽃	밭

낯	설	다
낯	설	다

붙	잡	다
붙	잡	다

재	미	있	다
재	미	있	다

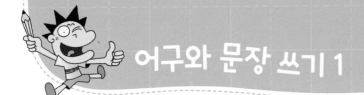

 다음 글을 소리 내어 읽고 빈칸에 써 보세요.

악	기		연	주
악	기		연	주

학	교	에		가	다	.
학	교	에		가	다	.

약	속	을		지	키	세	요	.
약	속	을		지	키	세	요	.

어구와 문장 쓰기 2

 다음 글을 소리 내어 읽고 빈칸에 써 보세요.

듣	기		평	가		시	간
듣	기		평	가		시	간

앵	두		같	은		입	술
앵	두		같	은		입	술

사	진	기	로		찰	칵
사	진	기	로		찰	칵

 다음 글을 소리 내어 읽고 빈칸에 써 보세요.

술	래	잡	기	를		하	다	가
술	래	잡	기	를		하	다	가

물	감	으	로		색	칠	하	다	.
물	감	으	로		색	칠	하	다	.

둥	근		보	름	달
둥	근		보	름	달

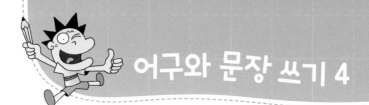

 다음 글을 소리 내어 읽고 빈칸에 써 보세요.

밤	길	이		위	험	해	.
밤	길	이		위	험	해	.

책	상	과		걸	상
책	상	과		걸	상

장	바	구	니	에		담	아
장	바	구	니	에		담	아

 다음 글을 소리 내어 읽고 빈칸에 써 보세요.

그	릇		닦	기
그	릇		닦	기

앞	뒤	를		똑	바	로
앞	뒤	를		똑	바	로

옷	걸	이	에		걸	어	.
옷	걸	이	에		걸	어	.

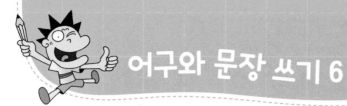 
 다음 글을 소리 내어 읽고 빈칸에 써 보세요.

늘	잠	을		자	다	.
늘	잠	을		자	다	.

꽃	들	에	게		희	망	을
꽃	들	에	게		희	망	을

영	화	가		재	미	있	다	.
영	화	가		재	미	있	다	.

8단계 평가

 1. 다음 그림에 알맞은 낱말을 선으로 이으세요.

❶	❷	❸

.	.	.

㉠	㉡	㉢
접시	축구	글자

 2. 그림에 알맞은 낱말을 정확하게 쓴 것은 무엇인가요?

❶ 　　낚씨

❷ 　　책짱

❸ 　　물꼬기

❹ 　　사진기

❺ 　　입쑬

3. 보기에서 알맞은 낱말을 찾아 빈칸에 쓰세요.

[보기] 태극기 한자 학교 책장 액자 접시 보름달 덮밥

❶ ☐☐ 는 학생이 공부하는 곳입니다.

❷ 중국에서 만들어진 글자를 ☐☐ 라고 합니다.

❸ 그림이나 사진은 ☐☐ 에 꽂아 둡니다.

❹ ☐☐☐ 는 우리나라의 국기입니다.

❺ 반찬 등의 음식을 담는 얇고 납작한 그릇을 ☐☐ 라고 합니다.

❻ ☐☐ 은 책을 넣어 두는 가구입니다.

❼ 오징어를 볶아 밥 위에 얹으면 오징어 ☐☐ 이라고 합니다.

❽ ☐☐☐ 은 한 달 중 가장 둥근 달입니다.

8단계 평가

 4. 문제를 읽고 알맞은 낱말을 찾아 빈칸에 바르게 옮겨 쓰세요.

❶ 낚싯대로 물고기를 낚는 것을 뭐라고 할까요?
　① 낚시　　② 낚씨

❷ 앞쪽에 있는 집은 무엇이라고 하나요?
　① 앞찝　　② 앞집

❸ 반찬 등의 음식을 담는 얇고 납작한 그릇은
무엇인가요?
　① 접시　　② 접씨

❹ 깃대에 달린 천이나 종이로 된 부분은
무엇인가요?
　① 깃발　　② 깃빨

❺ 꽃을 많이 심어 가꾼 밭을 무엇이라고 할까요?
　① 꽃밭　　② 꽃밭

❻ 감의 껍질을 벗기고 꼬챙이에 꿰어서 말린 것은
무엇인가요?
　① 곶깜　　② 곶감

❼ 밥에 고기나 나물, 양념을 넣어 비벼 먹는
음식을 무엇이라고 할까요?
　① 비빕밥　　② 비빔빱　　③ 비빔밥

❽ 귀에 입을 대고 소곤거리는 말은 무엇인가요?
　① 귀쏙말　　② 귓속말　　③ 귓쏙말

5. 왼쪽 ☐ 안의 틀린 글자를 찾아, 오른쪽 빈칸에 바르게 쓰세요.

틀린 글자 찾기	바르게 고쳐 쓰기

❶ 도화지에 물 깜 으로

도화지에 ☐☐ 으로

❷ 용 뜬 을 모으다.

☐☐ 을 모으다.

❸ 낚 씨 터 에서 물 꼬 기 를

☐☐☐ 에서 ☐☐☐ 를

❹ 책 짱 위에 액 짜

☐☐ 위에 ☐☐

❺ 숨 바 꼭 찔 하고 놀아요.

☐☐☐☐ 하고 놀아요.

❻ 둥근 보 름 딸 이

둥근 ☐☐☐ 이

❼ 학 꾜 운동장에 깃 빨 이

☐☐ 운동장에 ☐☐ 이

❽ 옷 짱 속에 옷 껄 이

☐☐ 속에 ☐☐☐

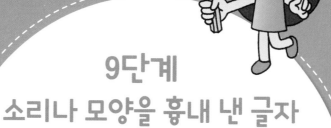

9단계
소리나 모양을 흉내 낸 글자

돼지는 '꿀꿀' 하고 울고, 전화벨은 '따르릉' 하고 울려요.
사람이나 사물의 소리를 흉내 낸 말은 '의성어'라고 합니다.
토끼는 '깡충깡충' 뛰고,
문제가 어려울 땐 고개를 '갸우뚱' 하지요.
사람이나 사물의 모양을 흉내 낸 말은
'의태어'라고 합니다.
소리나 모양을 흉내 낸 말을 사용하면
글을 재미있게 쓸 수 있어요.

낱말 쓰기 1

22일차

 다음 낱말을 소리 내어 읽고 빈칸에 써 보세요.

하	하
하	하

앙	앙
앙	앙

칙	칙	폭	폭
칙	칙	폭	폭

꽥	꽥
꽥	꽥

 다음 낱말을 소리 내어 읽고 빈칸에 써 보세요.

벌	름	벌	름
벌	름	벌	름

둥	실	둥	실
둥	실	둥	실

아	장	아	장
아	장	아	장

주	르	륵
주	르	륵

다음 낱말을 소리 내어 읽고 빈칸에 써 보세요.

꿀	컥
꿀	컥

깡	충	깡	충
깡	충	깡	충

낙석주의

우	르	르
우	르	르

쫑	긋	쫑	긋
쫑	긋	쫑	긋

낱말 쓰기 4

 다음 낱말을 소리 내어 읽고 빈칸에 써 보세요.

갸	우	뚱
갸	우	뚱

떼	굴	떼	굴
떼	굴	떼	굴

버	럭
버	럭

송	골	송	골
송	골	송	골

 다음 글을 소리 내어 읽고 빈칸에 써 보세요.

엄	마	가		하	하
엄	마	가		하	하

아	기	가		앙	앙
아	기	가		앙	앙

기	차	가		칙	칙	폭	폭
기	차	가		칙	칙	폭	폭

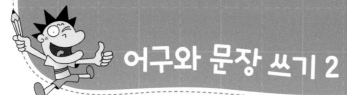
 다음 글을 소리 내어 읽고 빈칸에 써 보세요.

아	기		오	리	가		꽥	꽥	꽥
아	기		오	리	가		꽥	꽥	꽥

코	부	터		발	름	발	름
코	부	터		발	름	발	름

구	름	이		둥	실	둥	실
구	름	이		둥	실	둥	실

 다음 글을 소리 내어 읽고 빈칸에 써 보세요.

깡	충	깡	충		뛰	어	요	.
깡	충	깡	충		뛰	어	요	.

우	르	르		몰	려	나	와	요	.
우	르	르		몰	려	나	와	요	.

귀	를		쫑	긋	쫑	긋
귀	를		쫑	긋	쫑	긋

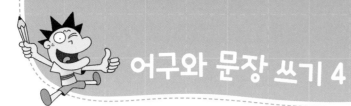

 다음 글을 소리 내어 읽고 빈칸에 써 보세요.

떼	굴	떼	굴		도	토	리
떼	굴	떼	굴		도	토	리

고	개	를		갸	우	뚱	하	다	.
고	개	를		갸	우	뚱	하	다	.

땀	이		송	골	송	골
땀	이		송	골	송	골

9단계 평가

 1. 다음 그림에 알맞은 낱말을 선으로 이으세요.

❶

❷

❸

ㄱ

앙앙

ㄴ

하하

ㄷ

버럭

 2. 그림에 알맞은 낱말을 정확하게 쓴 것은 무엇인가요?

❶ 주루륵

❷ 칙칙푹푹

❸ 굴컥

❹ 꿱꿱꿱

❺ 갸우뚱

3. 보기에서 알맞은 낱말을 찾아 빈칸에 쓰세요.

[보기] 하하 깡충깡충 버럭 꿀컥 꽥꽥 꿀꿀 짹짹 갸우뚱

❶ 화가 나서 소리를 냅다 지르는 모양을 ☐☐ 이라고 합니다.

❷ ☐☐ 는 입을 벌리고 크고 환하게 웃는 소리입니다.

❸ 오리는 ☐☐ 소리를 내며 웁니다.

❹ ☐☐☐☐ 은 토끼가 뛰는 모양을 나타내는 말입니다.

❺ 물이 목구멍으로 한꺼번에 많이 넘어가면 ☐☐ 소리가 납니다.

❻ ☐☐ 은 돼지가 울 때 나는 소리입니다.

❼ 고개가 한쪽으로 살짝 기울어진 모양을 ☐☐☐ 이라고 합니다.

❽ ☐☐ 은 참새가 우는 소리를 나타내는 말입니다.

9단계 평가

 4. 문제를 읽고 알맞은 낱말을 찾아 빈칸에 바르게 옮겨 쓰세요.

❶ 어린아이가 계속 우는 소리는 무엇인가요?
① 항항　　② 앙앙

❷ 물건이 바닥에 떨어지거나 부딪쳐 요란하게 나는 소리는 무엇인가요?
① 우당탕　　② 우당땅

❸ 물줄기가 흐르다 멎는 소리는 무엇인가요?
① 우르륵　　② 주르륵

❹ 갑자기 뛰거나 몸을 움직이는 소리는 무엇인가요?
① 후다딱　　② 후다닥

❺ 사람들이 한꺼번에 몰려오거나 움직이는 모양을 뭐라고 할까요?
① 우르르　　② 우루루

❻ 기차가 달릴 때 나는 소리는 무엇인가요?
① 칙칙폭폭　　② 칙칙푹푹

❼ 재채기가 나오려고 할 때 콧구멍이 움직이는 모양은 무엇인가요?
① 벌룸벌룸　　② 벌름벌름

❽ 사람이나 물건이 빠르게 굴러가는 모양은 무엇인가요?
① 떼굴떼굴　　② 에굴에굴

5. 왼쪽 ☐ 안의 틀린 글자를 찾아, 오른쪽 빈칸에 바르게 쓰세요.

틀린 글자 찾기　　　　　바르게 고쳐 쓰기

❶ 고양이가 야용야용　　　고양이가 ☐☐☐☐

❷ 구름이 등실등실　　　　구름이 ☐☐☐☐

❸ 땀을 삘삘 흘리다.　　　땀을 ☐☐ 흘리다.

❹ 귀를 쫑끗쫑끗　　　　　귀를 ☐☐☐☐

❺ 고개를 가우뚱하다.　　　고개를 ☐☐☐하다.

❻ 눈물이 주르룩　　　　　눈물이 ☐☐☐

❼ 꿀걱 물을 마시다.　　　☐☐ 물을 마시다.

❽ 물방울이 송글송글 맺혔다.　　물방울이 ☐☐☐☐ 맺혔다.

10단계
틀리기 쉬운 글자

얼굴을 <u>깨끗이</u> 씻어요. 얼굴을 <u>깨끗히</u> 씻어요.
밑줄을 그은 두 단어 중 어떤 게 맞는 걸까요?
우리말에는 '이'나 '히'로 끝나는
헷갈리는 단어가 많아요.
10단계가 끝나면
더 이상 헷갈리지 않을 거예요.

 다음 낱말을 소리 내어 읽고 빈칸에 써 보세요.

가	벼	이
가	벼	이

깨	끗	이
깨	끗	이

느	긋	이
느	긋	이

따	뜻	이
따	뜻	이

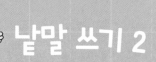 
 다음 낱말을 소리 내어 읽고 빈칸에 써 보세요.

틈	틈	이
틈	틈	이

반	듯	이
반	듯	이

알	알	이
알	알	이

수	북	이
수	북	이

낱말 쓰기 3

낱말 쓰기 3

 다음 낱말을 소리 내어 읽고 빈칸에 써 보세요.

가	만	히
가	만	히

꾸	준	히
꾸	준	히

분	명	히
분	명	히

사	뿐	히
사	뿐	히

 다음 낱말을 소리 내어 읽고 빈칸에 써 보세요.

솔	직	히
솔	직	히

열	심	히
열	심	히

정	확	히
정	확	히

조	용	히
조	용	히

 다음 글을 소리 내어 읽고 빈칸에 써 보세요.

얼	굴	을		깨	끗	이
얼	굴	을		깨	끗	이

느	긋	이		기	다	리	다	.
느	긋	이		기	다	리	다	.

옷	을		따	뜻	이		입	다	.
옷	을		따	뜻	이		입	다	.

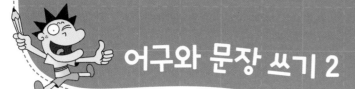

 다음 글을 소리 내어 읽고 빈칸에 써 보세요.

틈	틈	이		공	부	하	다	.
틈	틈	이		공	부	하	다	.

반	듯	이		누	워	.
반	듯	이		누	워	.

밥	을		수	북	이
밥	을		수	북	이

 다음 글을 소리 내어 읽고 빈칸에 써 보세요.

가	만	히		먹	어	.
가	만	히		먹	어	.

산	이		분	명	히		보	인	다	.
산	이		분	명	히		보	인	다	.

사	뿐	히		걸	어	가	다	.
사	뿐	히		걸	어	가	다	.

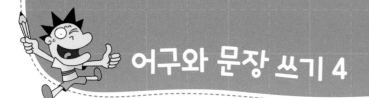

 다음 글을 소리 내어 읽고 빈칸에 써 보세요.

솔	직	히		말	해		봐	.
솔	직	히		말	해		봐	.

무	엇	이	든		열	심	히
무	엇	이	든		열	심	히

수	업		시	간	에	는		조	용	히
수	업		시	간	에	는		조	용	히

10단계 평가

1. 보기에서 알맞은 낱말을 찾아 빈칸에 쓰세요.

[보기] 열심히 알알이 깨끗이 수북이 곰곰이 솔직히 조용히 끔찍이

❶ [   ] 익은 포도송이가 매우 맛있어 보여요.

❷ 아빠는 매일 회사에서 [   ] 일합니다.

❸ 할머니가 밥그릇에 밥을 [   ] 담아 주셨습니다.

❹ [   ] 생각해 보니 내가 잘못했어요.

❺ [   ] 방을 청소하면 기분이 좋아져요.

❻ 엄마는 나와 동생을 [   ] 사랑합니다.

❼ 도서관에서는 [   ] 책을 읽어야 합니다.

❽ [   ] 말하면 놀고 싶어요.

2. 문제를 읽고 알맞은 낱말을 찾아 빈칸에 바르게 옮겨 쓰세요.

❶ 매일매일에 해당하는 것은 무엇인가요?
  ① 나날이   ② 나날히

❷ 덥지 않을 만큼 온도가 알맞게
  또는 정답고 포근하게?
  ① 따뜻히   ② 따뜻이

❸ 걸음걸이나 움직임이 매우 가볍게?
  ① 사뿐이   ② 사뿐히

❹ 물건 따위가 많이 담겨 있어 높이 두드러진
  상태를 나타내는 말은 무엇인가요?
  ① 수북이   ② 수북히

❺ 놀랍거나 몹시 지나치게에 해당하는 것은?
  ① 끔찍히   ② 끔찍이

❻ 움직이지 않고 아무 말 없는 상태를
  나타내는 말은 무엇인가요?
  ① 가만이   ② 가만히

❼ 어떤 사실이나 현상이 명확하고 뚜렷하게?
  ① 분명이   ② 분명히

❽ 비뚤어지거나 기울어지지 않고 바르게?
  ① 반듯이   ② 반드시

3. 왼쪽 ☐ 안의 틀린 글자를 찾아, 오른쪽 빈칸에 바르게 쓰세요.

틀린 글자 찾기	바르게 고쳐 쓰기

❶ 청소를 깨끗히   청소를 ☐☐☐

❷ 느긋히 기다려요.   ☐☐☐ 기다려요.

❸ 시간 날 때 틈틈히   시간 날 때 ☐☐☐

❹ 가만이 앉아 있어.   ☐☐☐ 앉아 있어.

❺ 침대에 반듯시 누우세요.   침대에 ☐☐☐ 누우세요.

❻ 곰곰히 생각해 봐.   ☐☐☐ 생각해 봐.

❼ 교실에서는 사뿐이 걸어야   교실에서는 ☐☐☐ 걸어야

❽ 영원이 잊지 않을게요.   ☐☐☐ 잊지 않을게요.

국어 교과서 따라잡기

1학년 2학기 국어 교과서에서
각 단원별로 중요한 어구와 문장을
10개씩 골라 받아쓰기 문제지를 만들었습니다.
103~105쪽에 수록된 받아쓰기 문제를
아이가 잘 받아쓸 수 있도록 한 번은 천천히,
그다음은 정상 속도로 불러 주세요.

1. 소중한 책을 소개해요

점수   점 / 100점

초등 입학 전 미리 공부하는 또박또박 한글 떼기 3

불러주는 말을 잘 듣고, 띄어쓰기에 유의하여 받아쓰세요.

❶

❷

❸

❹

❺

❻

❼

❽

❾

❿

2. 소리와 모양을 흉내 내요

불러주는 말을 잘 듣고, 띄어쓰기에 유의하여 받아쓰세요.

❶

❷

❸

❹

❺

❻

❼

❽

❾

❿

3. 문장으로 표현해요

점수 　　　점 / 100점

불러주는 말을 잘 듣고, 띄어쓰기에 유의하여 받아쓰세요.

❶

❷

❸

❹

❺

❻

❼

❽

❾

❿

4. 바른 자세로 말해요

불러주는 말을 잘 듣고, 띄어쓰기에 유의하여 받아쓰세요.

❶

❷

❸

❹

❺

❻

❼

❽

❾

❿

5. 인물의 말과 행동을 상상해요

점수　　　　점 / 100점

불러주는 말을 잘 듣고, 띄어쓰기에 유의하여 받아쓰세요.

❶

❷

❸

❹

❺

❻

❼

❽

❾

❿

6. 고운 말을 해요

점수   점 / 100점

불러주는 말을 잘 듣고, 띄어쓰기에 유의하여 받아쓰세요.

❶

❷

❸

❹

❺

❻

❼

❽

❾

❿

7. 무엇이 중요할까요

점수   점 / 100점

불러주는 말을 잘 듣고, 띄어쓰기에 유의하여 받아쓰세요.

❶

❷

❸

❹

❺

❻

❼

❽

❾

❿

8. 띠어 읽어요

점수   점 / 100점

불러주는 말을 잘 듣고, 띄어쓰기에 유의하여 받아쓰세요.

❶

❷

❸

❹

❺

❻

❼

❽

❾

❿

9. 겪은 일을 글로 써요

불러주는 말을 잘 듣고, 띄어쓰기에 유의하여 받아쓰세요.

❶

❷

❸

❹

❺

❻

❼

❽

❾

❿

아이가 잘 받아쓸 수 있도록 한 번은 천천히, 그다음은 정상 속도로 문제를 불러 주세요.
채점을 할 때는 띄어쓰기와 마침표 위치도 꼭 확인하세요.
점선을 따라 잘라 두면 문제를 불러 줄 때, 채점할 때 편리하게 이용할 수 있습니다.

94쪽

1. 심심할 때면 꼼질꼼질
2. 서로서로 예쁘다.
3. 열 개의 발가락
4. 바다의 섬들
5. 아기의 첫 번째 생일
6. 돌잡이 상 위에는
7. 행복하게 자라기를
8. 색칠하기 책
9. 얇은 책도 좋아요.
10. 괴물 이야기 책

95쪽

1. 감이 주렁주렁
2. 해바라기가 쑥쑥
3. 비가 주룩주룩
4. 햇볕이 쨍쨍
5. 꽃을 활짝 피웠습니다.
6. 살랑살랑 움직입니다.
7. 고양이가 야옹야옹
8. 구름이 둥실둥실
9. 자전거를 탄 사람
10. 반짝반짝 빛납니다.

96쪽

1. 김밥을 먹습니다.
2. 모두 즐겁게
3. 호수가 잔잔합니다.
4. 배를 탑니다.
5. 바람에 흔들립니다.
6. 나뭇잎이 아래로
7. 주영이가 뛰어갑니다.
8. 신데렐라의 구두
9. 굵은 나뭇가지
10. 그물처럼 생겼습니다.

97쪽

1. 딴 생각하지 말고
2. 내 꿈은 요리사입니다.
3. 세계 여러 나라
4. 내가 만든 요리
5. 맛있는 음식
6. 할아버지 생신 선물
7. 무엇을 살까?
8. 무럭무럭 자랄 테니까
9. 말도 안 돼.
10. 함박웃음을 지었어요.

98쪽

1. 얼음판 위에서
2. 미끄러져 넘어지는 모습
3. 기억이 났다.
4. 옷을 만들었어요.
5. 새들이 날아와
6. 숲 속 재봉사
7. 무지개 양말과 구두
8. 모자가 필요해요.
9. 치마를 입어요.
10. 잔치가 벌어졌어요.

99쪽

1. 먼저 지나가세요.
2. 고맙습니다.
3. 모자가 잘 어울린다.
4. 노래 참 잘한다.
5. 기운이 났어.
6. 정말 반가워.
7. 나무님, 감사해요!
8. 울지 마, 친구야.
9. 박쥐야, 고마워!
10. 늦어서 미안해.

100쪽

1. 소방관 아저씨
2. 학교에 오셨다.
3. 다른 사람을 위해
4. 조용히 합니다.
5. 자리에 앉을 때
6. 조심히 옮깁니다.
7. 작은 목소리로
8. 연주가 시작되기 전
9. 사진이나 동영상
10. 손뼉을 칩니다.

101쪽

1. 지우개의 모양과 색깔
2. 동물 모양, 과일 모양
3. 흰색, 파란색, 빨간색
4. 어디로 가는 것일까?
5. 구멍으로 들어갔다.
6. 물건을 자르는 곳
7. 감기에 도움이 됩니다.
8. 소화가 잘됩니다.
9. 당근은 눈에 좋습니다.
10. 우엉을 먹으면

102쪽

1. 일기를 V쓰면

2. 어떤 V일을 V했는지

3. 생각이나 V느낌

4. 장난감 V가게

5. 변신 V로봇도 V팔았다.

6. 기분이 V좋았다.

7. 물건을 V사는 V사람

8. 달리기를 V했다.

9. 친구들이 V위로해 V주어서

10. 내가 V읽고 V싶었던 V책

6단계 같은 자음이 겹치는 겹글자

1. (1)-ⓒ (2)-ⓐ (3)-ⓑ 2. ③ 3. (1) 꿈 (2) 두꺼비 (3) 쌍둥이 (4) 또박또박 (5) 쪼가리 (6) 찌개 (7) 뿌리 (8) 사또 4. (1) ① (2) ② (3) ② (4) ① (5) ② (6) ② (7) ① (8) ③ 5. (1) 뿌리 (2) 딸기 (3) 쌍둥이 (4) 따뜻한, 찌개 (5) 싸우지 (6) 글씨, 또박또박 (7) 뛰어 (8) 깨끗하게, 씻어요

7단계 받침이 뒤로 넘어가는 글자

1. (1)-ⓒ (2)-ⓑ (3)-ⓐ 2. ② 3. (1) 얼음 (2) 믿음 (3) 놀이터 (4) 오뚝이 (5) 울음 (6) 인어 (7) 월요일 (8) 목욕탕 4. (1) ② (2) ① (3) ① (4) ② (5) ① (6) ① (7) ② (8) ③ 5. (1) 끄덕이다 (2) 할아버지 (3) 숲을 (4) 볶음밥 (5) 높이 (6) 웃으며, 놀아요 (7) 목욕탕, 넘어지다 (8) 놀이터, 공놀이

8단계 된소리가 나는 글자

1. (1)-ⓑ (2)-ⓒ (3)-ⓐ 2. ④ 3. (1) 학교 (2) 한자 (3) 액자 (4) 태극기 (5) 접시 (6) 책장 (7) 덮밥 (8) 보름달 4. (1) ① (2) ② (3) ① (4) ① (5) ② (6) ② (7) ③ (8) ② 5. (1) 물감 (2) 용돈 (3) 낚시터, 물고기 (4) 책장, 액자 (5) 숨바꼭질 (6) 보름달 (7) 학교, 깃발 (8) 옷장, 옷걸이

9단계 소리나 모양을 흉내 낸 글자

1. (1)-ⓒ (2)-ⓑ (3)-ⓐ 2. ⑤ 3. (1) 버럭 (2) 하하 (3) 꽥꽥 (4) 깡충깡충 (5) 꿀컥 (6) 꿀꿀 (7) 갸우뚱 (8) 짹짹 4. (1) ② (2) ① (3) ② (4) ② (5) ① (6) ① (7) ② (8) ① 5. (1) 야옹야옹 (2) 둥실둥실 (3) 뺄뺄 (4) 쫑긋쫑긋 (5) 갸우뚱 (6) 주르륵 (7) 꿀컥 (8) 송골송골

10단계 틀리기 쉬운 글자

1. (1) 알알이 (2) 열심히 (3) 수북이 (4) 곰곰이 (5) 깨끗이 (6) 끔찍이 (7) 조용히 (8) 솔직히 2. (1) ① (2) ② (3) ② (4) ① (5) ② (6) ② (7) ② (8) ① 3. (1) 깨끗이 (2) 느긋이 (3) 틈틈이 (4) 가만히 (5) 반듯이 (6) 곰곰이 (7) 사뿐히 (8) 영원히

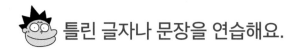 틀린 글자나 문장을 연습해요.

퍼플카우콘텐츠팀 | 재미있고 유익한 어린이 책을 기획하고 만드는 사람들입니다. 기획자, 전문작가, 편집자 등으로 구성되어 '보랏빛소 워크북 시리즈'를 비롯한 아동 교양 실용서를 만들고 있습니다.

이우일 | 어린 시절, 구석진 다락방에서 삼촌과 고모의 외국 잡지를 탐독하며 조용히 만화가의 꿈을 키워 오다 홍익대학교 시각디자인학과에 들어가 그 꿈을 맘껏 펼치기 시작합니다. 신선한 아이디어로 '도날드 닭', '노빈손' 등 재미있는 그림을 그려 사람들을 즐겁게 해주고 있습니다. 지은 책으로는 《우일우화》, 《옥수수빵파랑》, 《좋은 여행》, 《고양이 카프카의 고백》 등이 있습니다. 그림책 작가인 아내 선현경, 딸 은서, 고양이 카프카, 비비와 함께 그림을 그리고 글을 쓰며 살고 있습니다.

장희윤 | 이화여자대학교 사범대학 교육공학과와 국어국문학과를 졸업했고, 연세대학교 교육대학원에서 상담교육을 전공했습니다. 학생이 만드는 '경기꿈의학교-통학버스(통일 품은 학생 버스커)'의 꿈지기 교사이자, 전직 중학교 국어 교사로 10여 년간 사교육과 공교육을 넘나들며 많은 학생에게 국어 및 자기주도적 학습 전략을 지도하는 학습 코칭 크리에이터로 활동하고 있습니다. 네이버 오디오 클립 〈슬기로운 사춘기 생활〉을 운영하고 있으며, 지은 책으로는 《2016 더 배움 국어 검정고시》, 《사춘기 부모 수업》 등이 있습니다.

보랏빛소 워크북 시리즈

초등 입학 전 미리 공부하는

또박또박 한글 떼기 ❸

초판 1쇄 발행 | 2021년 5월 31일

지은이 | 퍼플카우콘텐츠팀
그린이 | 이우일
감수자 | 장희윤

펴낸곳 | 보랏빛소
펴낸이 | 김철원

책임편집 | 김이슬
마케팅·홍보 | 이태훈
디자인 | 진선미

출판신고 | 2014년 11월 26일 제2015-000327호
주소 | 서울시 마포구 포은로 81-1 에스빌딩 201호
대표전화·팩시밀리 | 070-8668-8802 (F)02-323-8803
이메일 | boracow8800@gmail.com

ISBN 979-11-90867-28-3 (64700)
ISBN 979-11-90867-15-3 (세트)

이 책의 판권은 저자와 보랏빛소에 있습니다.
저작권법에 의해 보호 받는 저작물이므로 무단전재와 복제를 금합니다.
책값은 뒤표지에 있습니다. 잘못된 책은 구입한 곳에서 바꾸어 드립니다.